La

FARANDOLE

© 2014 Sandrine Adso
Edition : BoD - Books on Demand
12/14 rond-point des Champs Elysées
75008 Paris
Imprimé par BoD – Books on Demand, Norderstedt, Allemagne
ISBN : 9782322035571
Dépôt légal : juin 2014

ADSO

_La_

Farandole

Toute ma vie

J'ai couru pour voir la lumière,
Des aurores d'années que je l'espérais
Si fragile, si belle, si pure, ma prière.
Un matin, plein de feux, elle était
Toute ma vie,
Toute ma vie.

J'ai couru pour voir les étoiles
Des crépuscules éteints, où, je l'attendais.
Si fragiles, si belles, si pures, elles s'étalent,
Comme des fauves alanguis tout près,
C'était toute ma vie,
Toute ma vie.

Et, la lumière a traversé
Mes yeux, mon, cœur, mon âme
Enfin, dans mon sein, elle clame
Une rumeur, vagues, écumes, sans flammes
J'ai vu toute ma vie,
Toute ma vie.

Et, la nuit s'est faite douceur,
Et, j'ai senti son amour
Et, j'ai dormi sur la mousse,
Où, j'ai senti son amour.

Toute ma vie,
Toute ma vie.

En ouvrant la porte, j'ai su
Où était la clef, où était le vent
Tant de clartés, je crois, j'étais émue.
Émergée, fusion, premier matin du temps,
C'était toute ma vie.
C'était toute ma vie.

Il a suffi d'un matin,
Il a fallu une nuit
Et, j'ai regardé mes mains
Plongée dans ses yeux gris.
C'était toute ma vie,
C'était toute ma vie.

Et, j'ai pleuré dans la rivière,
Et, l'eau glissait, au fond de la terre,
Impudique et vierge.
Lorsque émerge,
Toute ma vie,
Toute ma vie.

La jolie clef, pleine de vermeil
Courait, parmi les fées

Et, courait dans le soleil.
C'était une aube éclatée,
C'était toute ma vie,
Toute ma vie.

Pourquoi le matin ?
Pourquoi le crépuscule ?
Les étoiles et mes mains ?
La lumière de la libellule.
Parce que, c'était toute ma vie,
Toute ma vie.

Au-delà des flammes et de l'horizon,
Oui, j'ai vu le dragon.
Je lui ai offert, le ciel et les fleurs,
Et, plus jamais, je n'ai eu peur.
Je lui ai donné toute ma vie,
Toute ma vie.

Marine, mer et océan,
Sang de lune et diamant,
J'ai apellé l'éternité,
J'ai apellé la volupté,
Toute ma vie,
Toute ma vie.

Lorsque la clef brûlait mes mains,
J'ai senti le cristal, limpide et bleu
Et, j'ai dit merci au premier matin.
Pour rester dans les voiles de feu ;
Pour rester toute ma vie,
Toute ma vie.

Je n'ai jamais compris
La couleur de la lumière,
Je n'ai jamais senti
Le bruit de ma prière,
Je n'ai senti
Que ma vie,
Toute ma vie.

Et, dans le soleil transparent,
D'un nouveau miracle,
Et sur un cheval blanc
Nous irons boire l'oracle
De toute ma vie,
Toute ma vie.

La prédiction d'un soleil bleu,
La promesse de ton sourire
Me rappelle chacun des jeux
De la licorne à venir,

De toute ma vie,
Toute ma vie.

Transe

Dans la danse du cheval
Il y avait du feu.
Des couleurs animales.
Un jour, un bienheureux
Médita sur le noble Parsifal.
En effet, lui qui traversait le feu, n'étai-il pas miraculeux ?
Fils de Satan ou d'un autre Dieu.

Un jour que le mystère allait être résolu,
Le cheval galopa dans un nuage, fit sa mue.
Et du feu du démon,
S'échappa une licorne en amont,
Animal miraculé des damnations.

Et si

Et si les oiseaux meurent,
C'est parce que le vent est trop lourd.

Et si les Hommes meurent,
C'est parce que l'espoir est trop lourd.

Alors aujourd'hui je suis allée,
Je suis allée
Et j'ai demandé
Du soleil, du vent de l'éternité.

J'ai attendu devant la porte
J'ai attendu que les maléfices sortent.
Alors j'ai pu allumer la maison
De mille feux et couleurs qui portent ton nom.

Je suis entrée, j'ai dansé pour toi
Je t'ai donné du miel et du vin,
De la pluie et de la rosée des bois
Puis je suis venue dans tes mains.

Tes caresses étaient des vagues et d'amour et d'or
Ton feu couvrait mon feu
Tous deux bleus et or.

Aujourd'hui j'apprends à être guerrière
Même si je préfère les fleurs.
Et si les gens cessaient de se battre le jour
Et surtout si les gens oubliaient de faire l'amour.

Je t'aime avec mes yeux,
Je t'aime avec mon vent,
Je t'aime avec ma bouche,
J'attends tes yeux,
J'attends le temps où j'irai confiante sur la couche.

Et si tu me laissais protéger ta maison
Et si tu redevenais un petit garçon
Des baisers, des câlins, des promesses
Je ne suis qu'une femme par tes caresses.

Et si tu acceptais de poser tes armes
Et si tu goûtais mes larmes,
Ne sentirais-tu pas l'éternité inonder ton désir ?
Et c'est moi, ce sera moi ton désir ;

Car femme a choisi
Et femme veut,
Et si femme a choisi
Et si femme veut.

Je coure les mains tendues pour arrêter le temps,
Je t'aime le corps ouvert pour arrêter la mort,
Ne jamais dire adieu à l'océan
Et dans tes bras murmurer le mot encore.

Ce petit chuchotement qui entre en ton cœur,
Pénètre ma joie.
Ma main qui porte à tes yeux l'étoile du bonheur,
Craint les Titans et je coure dans tous les bois.

Pour préserver ta flamme
Et caresser ton âme.
Et si j'étais le feu
Je brûlerai toutes celles sur qui ton désir porte
Oh et puis non, c'est idiot : je partirai un point c'est tout.
Aurevoir Madame.

Aurevoir Monsieur
Et si, au contraire j'entrer dans ta vie comme une pépite, un météore,
Bonjour Monsieur, je vous apporte le feu et le festin des dieux
Et je danserai pour vous dans ma robe d'or.

Juste, laisse-moi choisir les couleurs de la lumière
Juste laisse-moi monter tout en haut de la terre
Pour dire à tous que je t'aime.

Alors le feu sera Amour,
Alors l'Eau sera Amour
Alors la Terre sera Amour
Alors l'espace sera Amour.

Le monde enfin plein de Dieu et d'agathos
Pourra à nouveau déposer les crocs et les os
Les loups ce matin sont morts
Et sont alors doux comme l'agneau qui dort.

Pourquoi fau-il se battre ?
Pourquoi les enfants n'ont peur que de la vie
Et au contraire joue avec la mort.
Pourquoi faut-il se battre ?
Pour protéger les enfants de la folie,
Pourquoi faut-il se battre
Pour laisser l'éclat d'amour sur ton corps.

Et si je t'offrais chacune de mes clés
Une à une
Serais-tu d'accord pour chercher les portes
Une à une
Et si ces clés loin, tu les emportais

Avec toi, loin, loin dans la clairière
Là où dort la licorne,

Et chantent les prières
Pour éveiller la licorne

La clé du vrai

Je rêve, que tu reviens
Et j'apprends à m'endormir dans tes bras
Tu m'as donné les clés une par une dans le matin.
Et je plonge dans ce toi,

Où j'apprends à songer,
A la caresse de la lumière,
A la caresse de ce toit de pierre,
Où sera tout une fois pour toutes pardonner.

Merci, d'abord à ces fleurs parsemées
Sur le chemin qui mène au don de soi
Chemin de soi, de lui, de sa diversité
Et l'enfant sera.

Pas de troubles,
La vie crie toujours plus fort
L'enfant y devient double
Et ici, et maintenant et encore.

Bienvenue, à l'existence,
Bienvenue au réveil dans le matin.
J'irai vers ma chance
Dans la lumière de ta seule présence.

Et l'ange trouvera le chemin de l'eau
Alors le jour sera la couche
De la moisson vibrant sur les flots
Alors le jour sera la couche

De ce commencement
De ces palpitations d'enfantement
Où le cœur s'est ouvert deux fois
Où la promesse est devenue Loi.

Alors, commence le long voyage
Où de l'écume bleue laissera le navire de passage
Mais le cheval, lui, soudainement devient feu,
Devient licorne, et te rend heureux.

Elle t'emmène vers l'horizon, et passe
Au-delà des colonnes du voyage, ici et maintenant.
Et, cette femme aussi passe
Fait naître le souvenir fulgurant

De l'Amour, de la présence.

Le baiser brûlant

On dit qu'il vient d'Orient
Mais il est d'abord venu sur ma bouche,
Méprisant et les vents et le temps
Il est né en même temps que tu me touches.

Cette histoire s'est faite par tes premières caresses
Et mes cheveux devenaient douceur
Puis ont continué tes caresses
Et soudain, j'ai pris peur.

Tes lèvres devenaient à la fois désir
Et à la fois interdit
Qui me guidera du désir à l'interdit ?
Tes lèvres restent désir …

Mon cœur a chanté comme un oiseau,
Mon corps a frémi le long de ta peau
J'ai cherché à arrêter le temps
Mais cet instant prit tout le temps.

La brûlure de ta bouche et de tes mains
L'éternité a senti le sel et le feu
Dans la claire lumière du matin
Dans le doux satin du secret creux

Que tu as cru en moi ;
Et j'ai vu l'ensemble des étoiles dans la vision des rois,
Et j'ai senti la pluie chaude qui accompagne le mendiant
Cette fois je m'arrêterai avec toi sur ce banc,

Et la folie de la flamme,
Celle, qui consume nos âmes
Nous porte vers le lointain
Mais reste ce matin.

Et je te laisse entrer si tu es très doux
Mais, pars si tu es primitif ou fou.

Et revient sage et virtuellement passionné
Car seul nous avons le droit d'un baiser.

Le feu

Mon amour, il y a du feu dans mon cœur,
Mais comme un oiseau il a peur…
De s'envoler sur ce continent mystérieux
Pourtant les clés sont belles comme le feu.

Je te donne mon feu, je te donne mes clés
Je te donne ma maison, ma vérité
Qui s'envole vers tes yeux pour l'éternité,
Booz, tu es plus chaud que la flamme protégée

Oui Booz protégée
Je veille à cette flamme dénudée
De toutes douleurs
De toutes peurs.

Booz, le feu ne s'éteint pas ! Ta femme
Les vagues de la Raison peuvent affluer tout le jour.
La peur m'envahir, je deviens femme…
La plage à présent est pleine d'amour.

Sans toi, je tremble de froid
Mais tu dois et me pardonner et me donner
Ce qu'un Homme a de plus beau : Toi
Ta protection, ta présence, ta sérénité.

Si tu savais, comme le froid est cruel
Pour toi, je serai belle.
Si tu savais, comme le froid est glacial
Cette solitude, qui fait mal.

Alors…. Je me dis :
JE SUIS EN VIE
Et toi aussi
Pour nos vies.

Le feu contient du ciel car il est bleu,
Tes yeux, Booz c'est la lumière du seul feu
Que je me laisse pénétrer
Dans mes mains d'abord, et l'espoir de savoir t'aimer.

Le feu qui réchauffe porte le nom d'amour,
Le feu qui brûle porte le nom de passion,
Le feu qui t'appartient est Ton désir,
Duquel je me laisse envahir,

Avec peur, avec joie
C'est toi, c'est à toi
De m'appeler doucement
De m'aimer de ce feu, sans tourments.

Mon amour, la nuit t'emporte et je te retiens

Parce qu'en mon sein, je tiens tes deux mains.
Et pourtant je suis seule pour aller vers toi…
Juste moi, ma Raison et mon Feu, vers toi

Laisse moi protéger cette lumière,
Issue du ciel, issue de la terre,
Le feu c'est aussi l'orage
Sur la mer qui chante et rage.

Cette plage berce nos premiers amours
Booz, n'as-tu pas senti ce désir pur et innocent
Qui pénétrait mon cœur et faisait vivre dans le jour ?
Mon amour, encourage-moi sur le sentier de la victoire de l'innocent

Innocent est mon feu,
Cruels sont leurs yeux.
Que le baume
Fasse homme.

Tu as le pouvoir
De m'embrasser, de me prendre
De me connaître certains soirs
Où le feu de la nuit se fait plus tendre.

Ton amour, évince ces grands oiseaux noirs

Ton amour, ranime mon cœur, tu es mon miroir
Et alors mon feu devient ton feu,
Car vie tu m'as sauvée du malheur.

Le feu…, pour dire : la vie…
N'a jamais été aussi troublant.
Je frémis Booz, j'aime et je vis
Merci à ce Dieu, lui aussi vivant

Qui nous accompagne
Dans toutes nos petites flammes.
Je pleure en mon intérieur
Quand ni je te vois et j'ai peur.

Rassure-moi,
Aide-moi à
Retourner,
Sur la plage de l'éternité.

Nous nous sommes rencontrés,
Nous nous sommes choisis
Le feu définitivement sera bleu et doré
Je l'ai caché dans sa bougie.

Personne ne l'éteindra, sauf le vent
Toujours aux alentours de minuit.

Je te donnerai ma main d'enfant…
Mais Booz…, je deviens femme, je grandis.

Même si le feu que je vois me fait peur
Peut-être dans ce désert fou, viendra l'heure
Où l'oasis douce et clémente nous sera accordée
Booz, de mon soleil, de mes nuits de mon éternité.

Le feu, c'est toi qui me l'as offert
Comme un unique brasier de fleurs
Et de souffle de baiser, ce bonheur
De sentir ta bouche, comme une prière.

Tu sais, Booz les mots que tu chantes
Je les espérais depuis que je plongeais dans la mer :
Ta voix dans mon esprit, c'est ta bouche qui me hante
Tu es à la fois le feu et tous les océans de la terre entière.

Tu es Booz, ma Force et mon Feu
Et moi ?

Je ne suis plus une enfant,
Je suis Ruth….
Si ton rêve n'est qu'un rêve de diamant
Je ne serai Ruth.

Si tu es fort, si tu es heureux de vivre, si tu es Homme
Et non chacal
Si tu es Matitia, si tu es Booz, si tu es Homme
Eloigne-nous du mal.

Mon feu, allume-toi dans mes bras
Ton feu, me chaufferas
Ton bleu, ton or
M'empêcheront-ils de douter encore ?

Le sable de là bas

D'abord il est de l'or et du sel,
Ensuite, il parle plus fort
Que la mer
Et se couche sur terre.

C'est là où j'ai posé mes premières courses
Les chevaux galopaient dans l'infini
Et laisser leurs crinières à la grande ourse
Des étoiles, des étoiles pour une enfance, une vie.

Puis, j'ai grandi
Et je t'ai vu toi.
Dans cette clarté, les rois restaient assis
Il n'y avait que toi.

Soleil et mer
Mon rêve était presque aussi beau
Sur la plage et sur la terre
Nous avons marché, seuls les oiseaux,

De nos cœurs chantaient la chanson venue d'Orient,
Parce que montaient à la clarté nos désirs d'enfant…
Et puis, nous avons pénétré l'eau
Et le désir a envahi nos nuits et nos…

Désirs. Oui, j'ai regardé ta bouche
Et j'ai voulu boire la mer à tes lèvres.
Et toi, je sais : tu as regardé ma bouche
Et tu as voulu boire la mer à mes lèvres.

Puis le soleil s'est présenté : feu de joie,
J'ai voulu rouler dans tes bras.
Mais nos rires, nous ont menés au-delà de l'eau
Et nous avons atteints ensemble nos bras.

Tes yeux dénudaient mon corps
Dans un jeu de sourires,
Et là régnait, le plaisir
Le plaisir de sentir nos corps.

Fondus à l'eau à l'amour
Dans l'eau près de toi. Régnait le jour,
Fondus à l'eau au désir,
Chevauchant tous les délires.

Aujourd'hui accordés, je t'ai voulu
Mon père, mon cœur mon corps mon amant…
Sais-tu Booth ? Que les étoiles sont nues,
Au ciel du firmament.

Et j'irai chercher les étoiles unes à unes

Pour m'envoler sur les dunes
De ton cœur de félin, tu marches, tu sens
Et la vie, et la haine. Surtout le vent.

Laisserons-nous l'horizon nous atteindre ?
Seule par toi, je veux m'éteindre
Me consumer de feu et d'eau
Pour renaître aux frimas de tes moments d'Horizon, oriental
A la vie,
Tu danses jusqu'à la fin de l'horizon ébloui
Tu danses autour du feu, comme les étoiles.

Et cette mer nous a guidé jusqu'à l'unique baiser
Où se couchent et ta folie et mon désir
A moins que ce ne soit, en vérité
Et ma folie et ton désir ?

Mon Booth, tu es fou
Et je crois l'être aussi
Mon Booth tu es fou
Et je crois les fleurs aussi.

Tu me donnes des fleurs des chants et de la folie
Je m'allonge au bord de ton cœur et le désir bat au continent interdit.
Ta voix m'emmène et m'entraîne et m'enchaîne

Et je deviens reine.

Du sable de cette plage
L'eau joue avec tes yeux,
Et mêlent tous les reflets
Des oiseaux et des fleurs bleues
Oui, Booth c'est l'éternité !

Qui nous tend la main,
Alors viens…
Ensemble nous caresserons les mêmes rêves :
De la musique, du vent, ceux d'Ecléve.

Et je pense à toi
Et je suis loin de toi.
Laisse-moi te retrouver
Au terme d'un passé…

Sans joie et sans feu.
Tu as tout emporté au vent du désir amoureux
Et je ressens ma musique orientale comme un cadeau
Et je deviens comme la vague sur l'eau.

Et tourbillon mes yeux s'affolent devant le sommet de ton désir
Mon Booth, ta force c'est ta lumière, c'est aussi ton sourire.
Quel âge as-tu ?

Quel âge as-tu ?

Mais quelle importance ? Puisque tu gouvernes le firmament de là bas ?
Juste, laisse moi être ton étoile,
Embrasse-moi,
Encore et lève mon voile.

Où est le soleil ?
Toi qui as les yeux clairs et transparents
Doux comme une petite pluie dans le vent,
Rejoins-moi près de la source aux bois
Là peut-être je saurai, tu me diras

Où est le Soleil ?
Celui qui donne la couleur aux abeilles…

Je cherche la Lumière et la douceur
Je cherche tes mains
J'avoue, j'ai peur.
Donne la confiance en mon destin.

Où est le soleil
Booz, bleu, mireille.

Tu dors dans un soupçon d'éternité,
Celle qui redonne foi en l'humanité,
Tu dors dans un frisson d'amour
Et même en ce jour.

Ton repos est plein de fleurs ;
Oh, dis s'il te plait, laisse-moi respirer
La délicatesse de ces couleurs
La délicatesse de leur fragilité.

Les femmes aiment les fleurs,
Comme les hommes aiment l'eau.

Alors Homme donne fleur à femme
Et femme inonde l'homme de son amour.

Matin de fleurs, d'eau et de feu
Je t'attends sous la rivière du château.

Juste dis-moi, je t'en prie,
Où est ce soleil or et bleu,
Cette nuit qui s'attarde aux bords de tes yeux
Là où j'aimerai prolonger ma vie.

Une seule de mes larmes laissera le bateau
Voguer au bout de l'horizon,
Au bout de l'invisible perfection
Je te donne mes secrets et mes cadeaux.

Sauras-tu ne pas les briser ?
Juste guide-moi
Dans la maison de mes lois
Et laisse le soleil y entrer.

Bienvenue à l'enfance,

Bienvenue au silence.

Juste dis-moi où est le Soleil,
Au fond du ruisseau, de la jolie fontaine,
Et puis tu me le donneras ce soleil
Et à nous Trois nous irons boire à cette fontaine.

Et puis tu me le donneras ce soleil
Parce que je t'aime,
Parce que tu es comme la merveille
Doux, et audacieux, comme j'aime.

Ton territoire

Si j'étais à toi, je serai certainement ton espace
De grâce et de félinité, qui font de toi, le roi.
A la fois loup, à la fois élégance et classe
Tu es le prince, la suprême ardeur sans lois.

Ton territoire chante et pleure
Ton territoire danse toutes les heures
Car le feu, tu as mis
Dans mon corps et ma vie.

Et j'attends les premières frontières
Pour que personne ne me vole à toi.
Ton territoire est surtout bleu, car il est ciel et mer
Pour que personne ne me vole à toi

Le territoire sur lequel tu planes est cette petite fleur
Où l'abeille vient chercher son bonheur.
Là où déclare la Vie au visage de la mort
Tu es mon maître et mon majeur accord

En toi, toutes les gammes sont
En moi les pianos n'ont qu'un nom
Le tien
Le matin.

Baiser tes mains dans la lumière
Et je sais où vont tes mains,
Dans le feu de ma crinière.
Territoire de la licorne, a peur des félins,
Et j'ai besoin d'être à toi, pour me sentir être
Et j'ai besoin d'être moi pour me sentir être,
Et si je suis à la fois toi et à la fois moi.
C'est la vague qui porte les perles jusqu'à mes doigts,

Laisse-moi être floue comme un rêve
Laisse moi être la nuit, cette trêve.
Danse danse mon lit pour que je te suive
Au rythme de ce que tu me découvres les rives.

Si bleues si violentes et si déferlantes
L'écume n'a jamais été aussi salée.
Tu poses dans tes paroles des diamantes
Des flammes aimantes et volées

A ces mensonges, pour les rendre vrais.
Tu voles la souffrance et tu souris,
Tu voles la douleur,
Et tu jouis.

Tu prendras mon corps
Comme une feuille, un arbre d'or.

Tu as pris et ma main et ma bouche
Je vole jusqu'à toi, là où est ta couche.

Je m'enroule dans tes jambes et tes doigts
Et, oui deviens ton territoire,
Tu es mon espoir
Et je te sens roi.

Le poison devient lait
Et l'eau devient feu
Alors,
Quel est ton corps ?

Tu es futur ou présent ?
J'aime ta vie et ton lendemain.
La cavalerie du diable peut bien s'acharner
Seules les fleurs savent chanter notre éternité.

Et si je n'étais qu'à toi
Où iraient mes rêves et mes secrets ?
Et si je n'étais qu'à toi quel écrin pour moi ?

Crinière tu es fou,
Galop tu t'envoles,
Amour, trop jaloux,
Désir tu me fais voler,

Et dans tes bras, je vole, je vole.
Le ciel devient mon corps
Avec ces milliers d'oiseaux … qui chantent ton nom
Ton nom, quel est-il Booz saura-t-il dire non ?

A ces sorcières, à ces souffrances à la peur de la mort ?
Et je serai la fée, le plaisir et pour toi la vie ;
Souviens-toi juste de mon nom : amour, quoi ? ENCORE
C'est toi qui m'a fait naître au milieu du jardin fleuri.

Les fleurs de l'orient ont ce parfum sucré,
Qui n'égalent pas ma bouche,
Et les fleurs de l'orient ont cette douceur sacrée
Où tu m'allonges sur ta couche.

Si je suis ton territoire
Si je suis ton miroir,
Car tu marches autour de moi
Pour mieux me posséder là.

Alors je suis une fois à toi
Et demain, le ciel aura changé.
Mais le territoire sera
Offert pour ta félicité.

Chance de cette main dans ma main
Et de ces mots sur mon cœur
La délicatesse animale qui fait peur
Telle la licorne près du petit chagrin :

L'amour est éternel
Mais pas les corps.
Tu me dis belle
Je te dis fort.

Tu éveilles ce désir
De jouir.
Tu éveilles cette envie
De m'enfouir dans ta vie.

Garde les clés
Protège ce que tu as choisi l'éternité.
Parce que je ne partirai pas sans toi.

Je ne finirai pas ma vie avant d'avoir commencé la tienne.

L'oiseau

L'oiseau,
L'oiseau qui chante ce matin dans le silence
Chante le bleu et le virginal.

Ses ailes sont lourdes d'amour et toutes en nuances
Elles chantent tout le temps, même l'enfance.

L'oiseau porte dans son corps, le vent
Et sans ses yeux les soleils et les pluies.

Il devient fou dans la fraîcheur du temps
Sans liberté
Sans liberté,
L'oiseau perd sa vie, ses plumes d'argent.

Mon bel oiseau, apprends-moi,
Pourquoi l'amour rend fou,
Pourquoi les enfants sont rois,
Et Pourquoi on enferme les fous.

Reclus,
Exclus,
Ce sont pourtant nos frères
Quelles douleurs, quelles guerres

Les a anéantis ?
Les a menés au bord de la lisière ?...
Seul l'oiseau bleu sait leur parler
Les redresser leur rendre dignité.

Lorsqu'ils crient,
L'oiseau chante
Lorsqu'ils sourient,
L'oiseau dévoile son alchimie.

Et leurs douleurs s'en vont comme un nuage
Et leurs douleurs s'éloignent du rivage.
Dans l'océan de vie, ils jouent
Non épargnés, mais insouciants.

C'est l'oiseau qui m'a raconté tout cela,
Parce que tout flotte dans l'air,
Parce que l'oiseau
Connaît toutes les prières.

Laisse le bel oiseau devenir,
Suivre le parcours de ton avenir.

Il connaît les fontaines,
Il connaît les clairières,
Il fait taire la haine

Il t'emmène dans sa lumière.

Sais-tu, il joue avec l'eau,
Et son chant limpide alors se fait cristallin
Tout devient simple, tout devient beau
Et c'est pour toi, alors donne lui la main.

… Sans oublier de fermer la cage …

Toujours y croire

La vie est mariée à l'amitié,
La vie est mariée à l'amour.
Si tu le laisses de côté
Tu perds tes plus beaux jours.

Le feu qui devient fou
Parce que ses baisers étaient doux
L'orage qui devient bleu
Parce que ce jour là nous étions deux…

Et la nostalgie, de cette magie qui fait trembler le vent.
Toute une vie j'attends ces instants,
Où tu seras mon vent, ma pluie et ma fleur
Et je sais que l'océan n'est pas loin, à quelques heures.

Ta voix qui murmure la gamme du désir
Tes mains sur moi qui transpirent
Fait monter les flots jusqu'aux cieux,
Mais Cette douleur…, je n'en veux …
Pas !

Je cherche le prénom
De celui qui écoutera mes non.
En pardonnant
En aimant

L'amour est le plus beau rêve
Je te le donne,
Mais demain matin ce rêve,
Tu me le donnes ?

Je cherche la noblesse d'un amour de poète,
Oui, il sera poète.

La nuit même bleue

La nuit même bleue
N'a épargné le feu
Et les oiseaux prennent peur.
Je ne veux pas leur…

Ressembler !
J'ai choisi de porter jusqu'au bout du monde
Le ciel et les étoiles et les bleus piliers
Qui farfandollent en ronde

Il y a les vagues, alors
Et encore, les mêmes ? Vagues,
A mon âme je verse encore
Dans les fontaines, perdues les bagues…

Que les chevaliers se lèvent,
Même si la nuit est bleue.
Plonger dans les fontaines et toucher le rêve
L'anneau d'amour, d'or et de feu.

L'oiseau saura bien retrouver son chemin
En suivant le cap de chaque étoile
Liberté la nuit même bleue, même demain
L'oiseau volera en dehors du mal

Dans une demeure céleste, aux colonnes océanes.
Sous les flots, Hercule tu n'iras pas plus loin,
Et l'anneau roule blanc et diaphane
Chevalier, tend ta main.

Que cherche le feu, au-delà du rêve ?
Que cherche l'amour au-delà de l'or ?,
La lumière…, une jolie trêve ?
Le cadeau qui aime et protége ?

Toute l'histoire est écrite pour les chevaliers
Tous les chevaliers écrivent leur histoire,
Sauront-ils à nouveau, chercher…
La clarté intérieure de nos miroirs ?

Reviens vers midi, à l'heure où le soleil décline
Les arpèges de toutes les comptines.
La nuit même bleue
Versera tes yeux,

Dès lors, plus de craintes, de terreurs et de folie.
J'ai choisi l'espoir des silences
Ceux qui portent les piliers de la vie.
J'ai choisi d'aimer toutes les errances,

Et de pardonner ton départ…

De la terre aux cieux,
Poser le regard
Sur cette nuit bleue.

Qui a bercé et l'amour et l'amour
Dans les flots ira mon âme,
Porter derrière le sentier du jour
Le vent, le froid, les lames…

De feu, seront nuit bleue
Peut-être, le chant alors s'élève,
Viens, viens fleurir au parchemin des dieux
Couler le nectar de ton rêve.

Où est l'alliance de ce bleu et de cette nuit ?
Quel Homme saura retrouver la fontaine,
Pour à nouveau germer la vie ?
Attendre le cœur délivré de toutes haines.

Et tu viendras
Même si la nuit est bleue.
L'oiseau du jour verra l'éclat
Plus de craintes, et les dieux

Retrouveront leurs sandales,
Abandonnées aux étoiles.

Dans un cadeau très doux,
Le plus beau sourire du fou.

Même si la nuit est bleue
Toujours sera bleue.

Derrière la porte

J'ai rêvé toute la nuit
Que cette nuit était ma vie
Parce que c'était tes mains
Et le froid a pris le vent du matin.

Et le soleil qui caressait les ombres
A d'abord caressé tes yeux, plongés en moi,
Et j'ai senti la joie jaillir de la pénombre
Les tourments des craintes fleurir au-delà.

Fleurs sans fardeaux, plus légères que le vent
J'attends ta voix, plus bleue à chaque instant.
J'entends le souffle de ton désir
Qui me porte et me soulève jusqu'au vertige de l'avenir.

J'aime tes yeux, ta bouche et tes mains
Je ne sens que ta présence, je n'espère que maintenant.
Rester vrai dans tous les lendemains
Je suis là, aujourd'hui en vie et j'attends

Et pourtant, je ne veux plus rester derrière la porte
Je veux monter toutes les marches
Je ne veux plus rester derrière la porte.
Brandir le feu, la flamme des patriarches

Et réveiller ces étincelles de désir,
Car la vie n'a de sens qu'avant de partir.
Alors, je veux et partir et revenir
Et rester pour te regarder rire.

Voir tes yeux
C'est tout ce que je veux.

Noël de mon amour

C'est un Noël qui n'oublie ni l'amour, ni l'amitié,
C'est surtout la rose qui pense à son lac
Fou de demain et de toujours il est,
Plus fort que le vent, celui qui claque

Je vois les rougeurs de tes sourires
Et je pleure le chagrin de tes chagrins
Protége le matin du rire,
Ardent de minuit au matin

Et l'horloge n'emportera pas le sable de mon cœur.
J'ai besoin de ce Noël d'amour, que tu préfères
J'attends ce Noël, au fond du sablier : voici l'heure
Ni bleu, ni tendre juste les folles chimères.

Laisse laisse la folie, le vent tout emporter,
Et qu'importe à la fois ce baiser et cette souffrance
Laisse-moi te donner l'éclair de la liberté,
Laisse-moi entrer ta pitance.

Et respirer les bois de ta charpente,
Ta maison est un foyer d'argile
Et comme ce colosse, elle chante
A la fois la nuit, le bruit et la ville.

La petite et belle clef est apparue dans mes mains
Ô tu es ce magicien qui donne sans reprendre
Ô tu es cette nuit que l'on n'ose prendre
Parce que trop près des étoiles du matin.

Et cette clef…
Oui, elle vient du ciel,
Et cette histoire d'éternité
Dis prête-moi tes ailes…

Ô oui je veux m'envoler
Près de toi, et rester
Malgré les cris et les bruits
Je veux être le Noël de ma vie.

Prier et aimer la voix de l'homme,
Pardonner et chanter l'homme.
Je persisterai dans la ferveur étincelante
Aucune lumière sombre, juste ruisselante.

Sous la pluie, j'ai attendu
Et…, tu es venu
Et…, tu es reparti
A Noël, tu reviendras ici ?

Dis raconte-moi ton Noël,

Raconte-moi le bruit de tes ailes.
Je suis là avec du papier et de l'encre
C'est comme un bateau sans ancre

Pour graver le réconfort infini
D'un amour infini,
Qui ne peut s'arrêter.
Aucune ancre, aucun abandon, tu es

Loin et tu es mon noël.
J'ai confiance et mon cœur n'a que quinze ans
Mais je le construirai cet arc en ciel,
Pont du rêve et des tragédies oser rester enfant.

Oui ce Noël là, j'ai senti et souffrance et amour
Oui ce Noël là, j'ai donné dans un grand brasier.
Le sapin de l'arbre de la chance, et attends le jour
Qui montant jusqu'au ciel dit la petite voix éclairée

De ce grand soleil qui sourit sous la pluie.
Tu es l'âme de mon âme et l'absence de mes jours
A cette absence je donnerai vie
Et à ces jours je garderai l'espoir infini de l'humilité.

Protége moi de l'orgueil et de la peur
Toi qui sait à la fois mon passé et mon présent,

Le Noël du bonheur,
Le futur du présent,

L'instant qui dépasse le temps,
Le temps dompté par Toi.

Tu es le sable, je suis le vent
Je suis la mendiante, tu es le roi.

Donne moi ce Noël,
Et retiens mes ailes
Car le ciel est vide sans toi.
Tu veux être l'étoile du premier roi ?

Je reviendrai toujours avec le matin,
Je reviendrai chercher ta main
Mais pourquoi ce Noël est si froid ?
En attendant le vent chaud et toi….

J'attends accrochée à mon étoile,
Et où est ton voilier sans voiles ?
Sans ancre et sans feu
Tu navigues sur des chimères, et le rivage est bleu

Alors, viens….

Cette petite chanson

Cette petite chanson coure sur toutes les lèvres
Et du soleil, et de la fièvre.
Et puis toi,
Et puis moi.

Tu étais assis au bord de l'océan
Mes cheveux dans le vent,
Magie incandescente de la nuit,
Où le plaisir rejoint l'envie.

Tu cherchais du bleu,
Mes yeux ne sont pas bleus.
Tu voulais du feu,
Pour être heureux.

Heureux de pouvoir encore aimer
Heureux de savoir encore parler,
D'être près de toi
Et te sacrer roi.

Prince de mon empire
La folie des colonnes transpire
Plus de peur,
La vague s'est faite douceur

Je t'embrasse.

La joie qui revient

La joie qui revient parce qu'on l'appelle
Et croiser des lumières si belles
Qu'elles dessinent la couleur de tes yeux,
La douceur de tes cheveux.

Les mots sont la porte
Ouvre et transporte
Ta pluie,
Ta vie…

Et c'est alors qu'un immense soleil viendra
Bleu, rouge ou vert
Il te promet qu'Eden reviendra,
Il te promet la mort de l'hiver.

Ton cœur est chaud, ton cœur est doux,
La pluie se cache dessous,
Le sourire triste des visiteurs,
Et toi, tu donnes du bonheur.

Et valsent, valsent les mots,
La grande roue dessine cet arc-en-ciel.
Où tu joues avec les ronds, les cerceaux
Et…, alors ?, alors tu la trouves belle.

Tu la prends dans tes bras
Tu la chauffes contre toi
Et des millions de diamant glissent dans ses yeux
Et pourtant ce n'est que de la pluie celle des gens heureux :

Qui aiment courir
Entre les traces d'eau
Sur la chemin de la joie et du rire :
La voix qui réveille le tout premier oiseau,

Et du concert, du babil à la pluie
S'élèvent des prières qui demandent Pardon.
La joie, les anges ne disent jamais non.

Juste un mot : oui.

La licorne en quête du chandelier

Mais où est-elle ?
Mais où est-il ?
Jusqu'au la fin fond du ciel
Elle cherche l'harmonie subtile.

Comment se retrouver ?
Elle dans le ciel,
Lui dans la forêt.
Ou
Lui dans le ciel,
Elle dans la forêt.

Pourtant ils se connaissent,
Ils ne sont que caresses
Mais ils se cherchent
Tout comme l'arche.

Du plus subtil
Au plus hardi,
La licorne est fragile
Le chandelier retient la vie.

De David à la licorne, l'union est
Du plus vieux parchemin,
Du premier matin

L'union est.

Alors, elle galope cherchant vers où
David a choisi de poser son emblème.
Ce chandelier est source de protection, elle aime
Cette quête rend les hommes fous.

Et pourtant, c'est dans le reflet d'une fontaine
Qu'ils se sont croisés.
Eternité fugace,
Image et trace

De l'amour du sacré.
Fuit la peur
De l'amour de la vérité
Fuit la peur.

Ce fléau mortel
Eloigne les hirondelles,
Mais revient la licorne belle,
Au grand galop jusque dans les sephirots du ciel.

Le chandelier de Ber

Ce matin s'est posé sur la première branche
Du chandelier
Un oiseau majestueux qui tranche
Avec le profane et reste sacré.

Il savait parler aux humains ;
Il aimait chanter le matin,
Et il priait
Quand la nuit s'imposait.

Il donnait le feu de la joie
Il rappelait les Lois.

Ton chandelier est pour lui un territoire d'amour et de paix,
Ton chandelier est pour lui une vaste terre d'asile,
Et tout comme les anges de Jacob en liberté ;
Il monte et il descend gracile.
Et toi et moi le regardons jouer.

C'est un oiseau simple, heureux
Se lève dans la clarté
N'a pas peur du feu

Chante au firmament de l'éternité.

Et j'aime cette nuit, cette nuit,
Cette tranquille vie,
Aux larmes et aux rires,
Frégate qui chavire.

L'océan à parcourir
Sur le chandelier de l'avenir.

Le feu, la pluie se mêlent
Dans un baiser à tire d'aile.
Il n'y a qu'à regarder
Les couleurs se balader.

Elles vont toutes se poser sur ton chandelier
Du ciel à la terre
De La terre au ciel étoilé.
Toutes nos prières

Sont transmises par le premier oiseau…
Il connaît toutes les chansons
Il dit le feu et l'eau,
Il connaît nos prénoms.

J'ai cru l'apercevoir,

Un certain soir.
Il te souriait
Et aussi il chantait :
Pour te dire « j'aime ton chandelier ».
Je l'ai choisi comme nid, comme pilier.

Je regarde cet oiseau
Et je vois du sable et des collines.
J'aime, j'aime cet oiseau.
Il sait même que je suis Sandrine.

Ton chandelier porte tous les prénoms
Qui ont vu cet oiseau,
La folie, le vent, la liberté
De là haut,
Les prénoms de l'éternité.

Bel oiseau ne pars pas,
Regarde le chandelier est toujours là
Bleu, blanc, les couleurs
Le chandelier est toujours là.

Si je pouvais être un oiseau

Si je pouvais être un oiseau,
Je volerai sur l'écume des flots
Et elles monteraient au ciel
Jusqu'aux étoiles qui étincellent.

Et je verrai la colère, la fureur des hommes
Et je répandrai sur terre amour.

De mes yeux qui deviennent miroir
De mon corps qui devient soir.
Je me pose parfois sur les arbres
Ou, dans vos palais de marbre.

L'oiseau des rêves, lui est transparent
Il entre par deux portes, l'une de corne, l'aitre d'ivoire.
Il est porté par le vent
Et cache dans son cœur toute l'histoire.

L'histoire folle de l'humanité
L'histoire de notre premier baiser.

Que l'Humanité deviennent baiser
Que le baiser devienne humanité.

Oui, mais plane l'oiseau de feu

Il a des ailes bleues
Mais porte le mal aux hommes :
Dans l'arbre planait la pomme.

Oiseaux, pourtant jamais ne combattez :
Vous êtes l'un la vérité,
L'autre le feu de l'été,
Qui brule jusqu'à une finalité
La mort.

Mais l'oiseau des rêves rejoint la Vie,
Et de par sa transparence,
La mort s'enfuit
C'est l'amour, la transparence.

Table des matières.

Toute ma vie 7
Transe 12
Et si 13
La clé du vrai 18
Le baiser brûlant 20
Le feu 22
Le sable de là bas 28
Où est le soleil ? 33
Ton territoire 36
L'oiseau 41
Toujours y croire 44
La nuit même bleue 46
Derrière la porte 50
Noël de mon amour 52
Cette petite chanson 56
La joie qui revient 58
La licorne en quête du chandelier 60
Le chandelier de Ber 62
Si je pouvais être un oiseau 65